KB152426

머나먼 별에서…….

외계인 해녀

글·그림 **김 란**

한그루

외계인들이 모험을 찾아 떠나왔어요.

우주를 떠돌던 외계인들은 신기하게 생긴 섬을 발견했어요.

우주선이 슈우웅 섬으로 날아갔어요.

우주선이 무사히 섬에 착륙했어요.

"어? 우리 별에서 나는 새소리하고 똑같아."

"저것 봐! 새들이 바다에서 보물을 캐고 있어!"

"쉿! 새들이 나오고 있어!"

외계인들은 우주선이 보이지 않게 급히 버튼을 눌렀어요.

우주선이 감쪽같이 사라졌어요.

새들은 둥그런 돌담 안으로 들어가 불을 피웠어요.

"뭐하는 거지?"

"젖은 날개를 말리는 것 같은데?"

"에구머니나! 저기 돌 위에 뾰족하게 올라온 게 뭐지?"

새가 깜짝 놀라 소리쳤어요.

외계인들이 주춤주춤 새들 앞으로 나갔어요.

"어머나! 이상하게 생긴 애들이네. 어디서 왔어?"

외계인들은 얼른 번역기를 돌렸어요.

"삐리릭 삑! 우린 우주에서 온 외계인 해, 달, 별이다."

"외계인이라고?"

새들은 알 수 없는 말로 외계인이 어쩌고 저쩌고, 저쩌고 어쩌고 쉴 새 없이 떠들었어요.

번역기가 삐삐삐삐! 뒤죽박죽됐어요.

"너희들은 뭐야? 보물을 캐는 새야?"

외계인들이 고개를 갸우뚱하며 물었어요.

"우린 제주도라는 섬의 해녀야. 바다에서 소라, 전복, 미역 같은 걸 캔단다.

이걸 팔아서 자식들을 다 키웠으니까, 보물 중에 보물이지. 암, 보물이고말고."

"삐릭! 해녀? 알겠다. 새가 아니고 해녀! 새로운 정보다."

그때 '호오이!' 소리가 들려왔어요.

"저 소리는 뭐야?"

"저 소리는 숨비소리야!

해녀들은 둥근 테왁을 붙잡고 먼바다로 나가지.

그리고 깊은 바닷속에서 숨을 꾹 참고 물질을 한단다.

마침내 바다 위로 올라와 참았던 숨을 팍 터뜨리는 거야.

진정한 해녀들만이 낼 수 있는 소리지."

"아!"

외계인들은 해녀에 대해 알면 알수록 감탄이 절로 나왔어요.

"으악! 살려줘!"

망사리에서 기어 나온 문어가 외계인 별이를 꽁꽁 휘감았어요.

"이 녀석, 그럼 못써!"

해녀할머니가 문어를 재빨리 낚아채서 망사리에 담았어요.

"삑삑! 살았다, 살았다!"

외계인 별이는 겨우 마음을 진정시켰어요.

해녀들은 다시 물질하러 바다로 들어갔지요.

바닷가에 감귤빛 노을이 물들었어요.

"돌아갈 시간이다!"

외계인들은 우주선을 타고 고향별로 돌아갔어요.

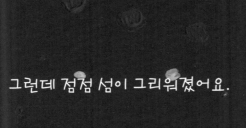

그런데 점점 섬이 그리워졌어요.

외계인들은 다시 섬으로 슈우웅 날아왔어요.

열심히 물질 연습을 했어요.

하지만 아직 숨비소리는 터지지 않았어요.

그러던 어느 날이었어요.

"큰일 났어! 큰일 났어!"

물질을 하던 해녀가 다급하게 외계인들을 불렀어요.

"무슨 일이냐? 무슨 일이냐?"

"어, 어, 어르신이 바, 바, 바다, 속, 속에서, 정신을 잃, 잃었어!"

어르신이라면 문어를 혼내준 해녀할머니였어요.

외계인들은 무작정 바닷속으로 뛰어들었어요.

해녀할머니는 한쪽 발이 바위 사이에 낀 채 정신을 잃고 쓰러져 있었어요.

외계인들은 온 힘을 다해 해녀할머니를 구해냈어요.

그리고 참았던 숨을 팍 터뜨렸어요.

마침내 첫 숨비소리가 터져 나왔어요.

"호오-이!"

"호오-이!"

"호오-이!

외계인들은 가슴이 벅차올랐어요.

해녀할머니는 병원에 오래오래 있어야 한대요.

그렇지만 마음은 언제나 바다와 함께 있대요.

"하자 하자! 할머니 대신 우리가 우리가!"

해녀들의 숨비소리가 바다 멀리 우주까지 울려 퍼졌어요.

김란

2022년 동아일보 신춘문예 동화 당선.
환상의 섬 제주가 고향입니다.
지은 책으로는 동화집『마녀 미용실』, 제주신화집『이토록 신비로운 제
주신화』, 그림책『외계인 해녀』,『파랑별에 간 제주 해녀』,『몽생이, 엉뚱
한 사건』, 그림동화『신이 된 사람들』,『차롱밥 소풍』이 있어요.
2021 스타필드 하남 작은 미술관 그림책 원화 전시

nikiy777@hanmail.net

외계인 해녀

2018년 9월 15일 초판 1쇄
2022년 8월 15일 초판 2쇄

지은이　김란
펴낸이　김영훈
편집인　김지희
디자인　나무늘보, 이은아
펴낸곳　한그루
　　　　출판등록 제651-2008-000003호
　　　　63220 제주특별자치도 제주시 복지로1길 21(도남동)
　　　　전화 064 723 7580　전송 064 753 7580
　　　　전자우편 onetreebook@daum.net　누리방 onetreebook.com

ISBN 978-89-94474-63-2 77810

값 15,000원